2. Schuljahr

Geschichten zum Lesenlernen

Inhalt

Nele und das kleine Lamm

Nele besucht ihre Tante Anita.
Sie hat einen kleinen Bauernhof.
Hier gibt es Hühner, Ponys und Schafe.
Nele liebt Tiere. Im Hühnerstall
sammelt Nele die Eier ein.

Oje, das schwarze Huhn steht nicht auf.
Ob es wohl krank ist?
Nele holt ihren Cousin Jan.
„Das Huhn legt gerade ein Ei“, erklärt er.
„Dabei darfst du es nicht stören.
Wusstest du das nicht?“

Auf der Weide liegt ein Pony und rührt sich nicht. Die anderen Ponys stehen etwas abseits. Nele macht sich Sorgen. Wieder läuft sie zu Jan.
„Bitte komm schnell!“, ruft sie.
„Mit dem braunen Pony stimmt was nicht!“

Jan lacht erleichtert, als er das Pony sieht.
„Es schläft nur“, erklärt er. „Also, du verstehst echt nicht viel von Tieren!“
Das stimmt nicht, denkt Nele.
Sie will es Jan beweisen.

Abends geht Neles Tante aus.
„Bitte passt gut auf die Tiere auf“,
sagt sie zu den Kindern.
Jan und Nele füttern die Ponys
und die Hühner.

Auf der Schafweide entdeckt Nele
ein junges Lamm.
Aber die Mutter lässt es nicht trinken.
„Wir müssen dem Lamm helfen“,
sagt Nele.

„Ach was!“, meint Jan.
„Seiner Mutter wird es bald besser gehen. Dann lässt sie das Lamm bestimmt wieder an ihr Euter.“
Nele beobachtet die beiden.
Die Mutter stößt das Lamm immer wieder weg.
In der Futterkammer findet Nele Lämmermilch. Sie füttert das Lamm aus der Flasche. Juhu, es trinkt!
Jan ist schon längst ins Bett gegangen. Nele bleibt die ganze Nacht auf der Weide.

Am nächsten Morgen kommt der Tierarzt.
Er untersucht das Lamm und das Mutterschaf.
„Das Schaf hat ein entzündetes Euter“, sagt der Tierarzt. „Deshalb gibt es keine Milch.“

Das Schaf bekommt eine Spritze. Bald geht es ihm besser. Nun kann das Lamm bei seiner Mama trinken! „Danke, Nele“, sagt Tante Anita. „Du hast dem Lamm das Leben gerettet.“

Nele ist sehr froh. Jan lächelt sie an. „Gut, dass du dich um das Kleine gekümmert hast“, sagt er. „Du kennst dich ja doch gut mit Tieren aus!“

Lesequiz

1. Weshalb steht das schwarze Huhn nicht auf?

O: Weil es schläft.
U: Weil es ein Ei legt.

2. Warum stößt die Schafmutter das Lamm weg?

R: Weil ihr Euter entzündet ist.
T: Weil sie schlafen möchte.

3. Womit füttert Nele das Lamm?

G: mit Gras
H: mit Lämmermilch

4. Was gibt der Tierarzt dem Schaf?

F: eine Spritze
K: eine Tablette

Lösungswort:

B	A	U 1	E	R 2	N	H 3	O	F 4

Ein ungewöhnlicher Sieg

Ritter Kunibert ist tapfer und furchtlos. Alle bewundern ihn für seine Klugheit und seinen Mut. Aber Kunibert hat ein Geheimnis: Er ist sehr kitzlig! Das darf niemand wissen. Denn Ritter dürfen nicht kitzlig sein. Sie sollen stark sein.

Am liebsten trägt Kunibert seine Rüstung.
Da kitzelt nichts!
Nur zum Schlafen zieht er sie aus.
Doch eines Nachts versteckt sich
eine kleine Maus in der Rüstung.

Oje! Am nächsten Morgen überfällt
eine feindliche Truppe das Ritterlager!
Blitzschnell ziehen die Ritter
ihre Rüstungen an.
Kunibert zückt sein Schwert und eilt
den Feinden entgegen. Doch plötzlich
kitzelt etwas an seinem Bein. Die Maus
in seiner Rüstung ist aufgewacht!
Kunibert muss kichern. Er beißt
die Zähne zusammen. Was sollen
die anderen nur von ihm denken?

Die Maus huscht
in der Rüstung über
den Bauch des Ritters.
Da verliert er die Beherrschung:
Kunibert krümmt sich
vor Lachen. Er wälzt sich
auf dem Boden hin und her. Die
Maus macht ihn ganz verrückt!
Der Ritter jammert
und verdreht die Augen.

Die Feinde weichen erschrocken zurück.
Sie glauben, dass Kunibert
eine schlimme Krankheit hat!
„Männer, steckt euch bloß nicht an!“,
ruft der Anführer. „Los, wir verschwinden
besser von hier!“

„Hilfe! Rette sich, wer kann!“ Die Angreifer wenden ihre Pferde und reiten davon. „Danke, Kunibert!“, jubeln seine Freunde. „Du hast uns gerettet!“

Doch was ist das? Ritter Kunibert rollt immer noch über den Boden! Nun machen sich auch seine Freunde Sorgen. Ist Kunibert etwa wirklich krank? Aber nein: Er ist nur schrecklich kitzlig! „Ich muss schnell meine Rüstung ausziehen!“, prustet er.

Als Kunibert aus der Rüstung schlüpft,
huscht die Maus davon.

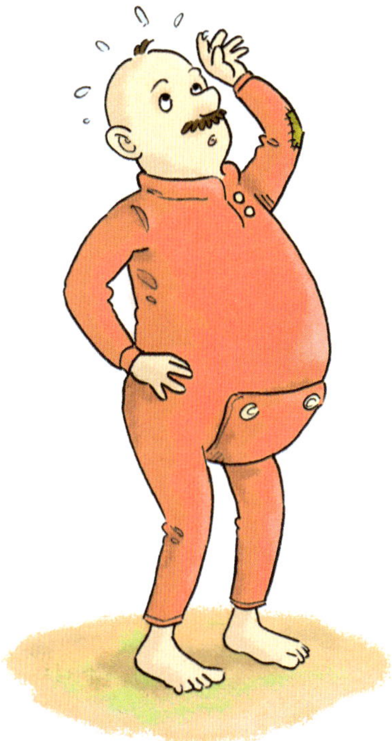

Alle sind sehr
erleichtert! Kunibert
ist wieder ganz der
Alte. Nun muss er
seinen Freunden
erklären, was
mit ihm los war.
Wie peinlich!

„Was? Eine Maus hat dich gekitzelt?“
Die Ritter können es kaum glauben.
„Zum Glück ist Kunibert so kitzlig!“,
ruft Ritter Roman. „Damit hat er die
Angreifer vertrieben!“

„Beim nächsten Überfall stecken wir einfach eine Maus in Kuniberts Rüstung“, sagt Ritter Albertus. „Dann flüchtet jeder Feind.“
Da lachen alle los – auch Ritter Kunibert.
Er ist sehr froh, dass er nun kein Geheimnis mehr haben muss! Seine Freunde mögen ihn auch so.

Lesequiz

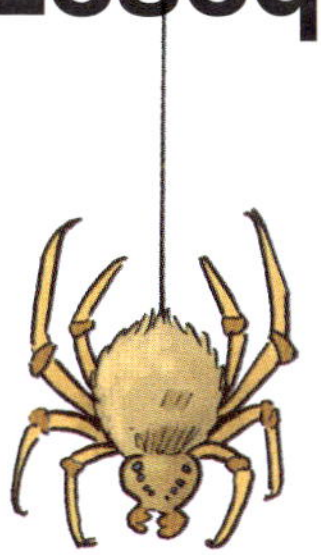

1. Wer versteckt sich in Kuniberts Rüstung?

P: eine Spinne

R: eine Maus

2. Womit möchte Kunibert die Feinde vertreiben?

T: mit seinem Schwert

S: mit seinem Speer

3. Weshalb ergreifen die Feinde die Flucht?

K: Sie haben Angst vor Mäusen.

L: Sie haben Angst vor einer ansteckenden Krankheit.

4. Was muss Kunibert seinen Freunden gestehen?

G: Dass er kitzlig ist.

H: Dass er ängstlich ist.

Lösungswort:

R 1	I	T 2	T	E	R	L 3	A	G 4	E	R

Lalila und das Feen-Gesetz

Endlich Ferien!
Die kleine Fee Lalila freut sich
auf sieben Tage ohne Feenschule.

„Bitte denkt auch in den Ferien
an das Feen-Gesetz“, ermahnt
die Lehrerin ihre Schülerinnen.
„Jede Fee soll täglich etwas Gutes tun.“

Lalila nickt ungeduldig.
Täglich eine gute Tat,
das ist doch nicht schwer!
Aber jetzt möchte sie
erst einmal Spaß haben!

Die kleine Fee besucht ihre Freunde, die Blumenelfen. Wer kann höher schaukeln?

Bei einer Bootsfahrt hängt Lalila sogar die Schwimmkäfer ab.

Die Ferien vergehen wie im Flug. Die kleine Fee erlebt viele tolle Abenteuer. Das Feen-Gesetz hat sie völlig vergessen!

Am letzten Ferientag erzählen die anderen Feen von ihren guten Taten. Oje! Nur Lalila hat in den ganzen Ferien noch nichts Gutes getan.

Auf dem Heimweg sieht sie
ein Mäusenest, das zum Fluss
hinunterkullert! Blitzschnell stoppt
Lalila das Nest und bringt es
zu Mama Maus zurück.

Zum Glück ist den Mäusebabys nichts passiert! Sieben kleine Mäuse schauen die Fee dankbar an.
Da wird ihr ganz warm ums Herz.

„Ich habe leider nicht jeden Tag
etwas Gutes getan“, sagt Lalila
am nächsten Tag zu ihrer Lehrerin.
„Aber am letzten Tag habe ich einer
Mäusefamilie geholfen.
Das hat sich sehr gut angefühlt.“

„Siehst du, Lalila, Helfen kann auch Spaß machen“, sagt die Lehrerin. „Wenn du dich an das Feen-Gesetz hältst, ist das für alle gut. Schön, dass du das jetzt gelernt hast.“

Lalila ist sehr froh. Ab heute möchte sie jeden Tag etwas Gutes tun.
Denn die Rettung der kleinen Mäuse war ihr schönstes Ferien-Erlebnis!

Lesequiz

1. Wie lange hat Lalila Ferien?
B: sieben Tage
P: sieben Wochen

2. Mit wem schaukelt Lalila?
L: mit den Schmetterlingen
M: mit den Blumenelfen

3. Wohin kullert das Mäusenest?
R: zum See hinunter
W: zum Fluss hinunter

4. Weshalb wird Lalila warm ums Herz?
S: Weil die Mäuse sie dankbar anblicken.
T: Weil die Lehrerin nicht schimpft.

Lösungswort:

B 1	L	U	M 2	E	N	W 3	I	E	S 4	E

Echte Freunde

Es ist ein langweiliger Samstagvormittag.
Juri schaut aus dem Fenster.
„Geh doch ein bisschen raus!“, schlägt sein Vater vor.
„Keine Lust“, sagt Juri. „Ohne Pablo macht das keinen Spaß. Und der kommt erst heute Nachmittag wieder.“

Pablo ist Juris bester Freund. Die beiden sind ein perfektes Team. Am liebsten spielen die Freunde Fußball. Auch wenn Juri nicht besonders gut darin ist.
„Spiel doch mit Alexander“, schlägt Juris Vater vor. „Er ist schon draußen.“
„Alexander nervt“, erklärt Juri. „Er ist ein richtiger Angeber.“

Juri beobachtet, dass Alexander auf die Torwand schießt. Vielleicht vergeht die Zeit schneller, wenn ich auch Torwandschießen übe, überlegt Juri. „Also gut!“, sagt er zu seinem Vater. „Ich gehe doch ein bisschen raus.“

Alexander kickt den Ball lässig durch die Löcher in der Torwand.
Juri schießt ständig daneben.
„Also, mit dir möchte ich nicht in einer Mannschaft spielen!“, lästert Alexander.
Juri ärgert sich. Aber je mehr er sich anstrengt, desto seltener trifft er.

Nachmittags kommt endlich Pablo dazu. Juri fühlt sich sofort besser. Pablo ist ein super Fußballer. Er gibt Juri einige gute Tipps. Alexander macht trotzdem weiter blöde Bemerkungen.
„Sogar mein Hund spielt besser Fußball als du!“, ruft er Juri zu.

Da kommt Cem aus der Parallelklasse auf den Spielplatz. Er trägt ein Zirkuskostüm.

„Unser Hobbyzirkus gibt morgen eine Vorstellung!“, erklärt er. „Ihr könnt Freikarten gewinnen!“ Er hält den Jungen eine Schachtel mit Losen hin. „Jeder bekommt ein Los geschenkt“, sagt er.

Alexander greift als Erster in die Kiste. Er hat eine Niete. Auch Pablo zieht eine Niete. Nur auf Juris Los steht: Freier Eintritt für zwei Kinder!
„Juhu, ich habe gewonnen!“, jubelt er.

Cem zieht mit seinen Losen weiter.
Aber was ist mit Alexander los? Er ist auf einmal ganz nett zu Juri!
„Super!“, ruft er bei Juris nächstem Schuss.
„Du wirst immer besser!“

Doch darauf fällt Juri nicht herein. Bestimmt hat Alexander es nur auf die Zirkuskarte abgesehen!
So ist es auch.
„Wen nimmst du eigentlich in den Zirkus mit?“, fragt Alexander später ganz nebenbei.
„Pablo natürlich!“, sagt Juri. „Der hält nämlich auch dann zu mir, wenn es mal nicht so gut läuft.“

9

Pablo strahlt. Juri hebt die Hand, und Pablo schlägt ein. Die beiden sind eben ein tolles Team und die besten Freunde!

Lesequiz

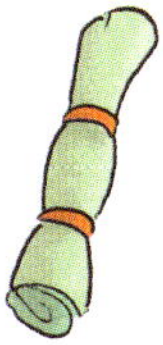

1. Wer ist Juris bester Freund?
T: Alexander
V: Pablo

2. Was macht Pablo, als Juri danebenschießt?
K: Er lacht ihn aus.
L: Er gibt ihm Tipps.

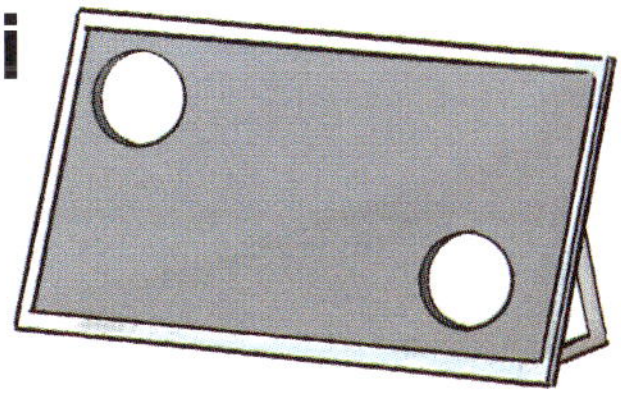

3. Weshalb ist Alexander plötzlich nett zu Juri?
E: Er möchte mit Juri in den Zirkus gehen.
I: Er möchte mit Juri in einer Mannschaft spielen.

4. Woran merkt Juri, dass Pablo ein echter Freund ist?
D: Pablo schenkt ihm ein Los.
F: Pablo hält zu ihm, auch wenn es nicht so gut läuft.

Lösungswort:

1	O	L	2	T	R	3	F	4	E	R

Lotti lernt hexen

Die kleine Hexe Lotti ist verrückt nach Tieren. Sie wandert den ganzen Tag durch den Wald. Lotti füttert die Rehe und streichelt die Eichhörnchen.

„Wie soll aus dir nur eine gute Hexe werden?“, seufzt Lottis Mama.
„Du denkst immer nur an Tiere. Wann lernst du endlich deine Hexensprüche?“
„Hexensprüche sind unnötig! Ich spiele lieber im Wald“, ruft Lotti und flitzt davon.

Im Wald findet sie einen kleinen Vogel.
Er ist aus seinem Nest gefallen.
„Ich nenne dich Kiki“, sagt Lotti
und nimmt ihn mit nach Hause.
„Oje“, seufzt ihre Mutter. „Der Vogel
kann noch nicht fliegen. Und wie soll
er lernen, Futter zu suchen?“
„Ich bringe ihm alles bei!“, ruft Lotti.
Ihre Mutter blickt sie streng an.
„Du bist eine Junghexe und darfst
keine Tiere verhexen“, sagt sie.
„Vergiss das nicht!“
„Keine Sorge“, meint Lotti. „Ich verhexe
Kiki nicht.“

Der Vogel liebt Lotti sehr. Er hüpft hinter ihr her wie ein Kind hinter seiner Mama. Da hat Lotti eine Idee.
Wofür ist sie eine Hexe?

Lotti möchte sich Flügel hexen.
Aber das ist ganz schön schwierig!
Sie muss viele Sprüche ausprobieren,
bis es klappt. Dann zeigt sie
dem kleinen Vogel, wie man fliegt.

Kiki lernt schnell. Er macht alles nach, was Lotti ihm zeigt. Jeden Tag üben die beiden das Fliegen. Bald saust Kiki munter durch die Luft.

Als Nächstes soll Kiki lernen, wie er Futter findet. Dafür braucht Lotti einen Schnabel. Sie übt lange, bis ihr der Schnabel-Zauber gelingt.
Damit pickt die kleine Hexe nach Würmern.
Der Vogel schaut es sich ab.

„Sieh mal, Mama!“, ruft Lotti.
„Kiki kann jetzt fliegen und Futter suchen! Dafür habe ich ganz viele Hexensprüche gelernt.“
Lottis Mutter staunt sehr.

Lotti bringt den kleinen Vogel wieder in den Wald. Dort üben die beiden noch etwas ein: Wenn Lotti pfeift, kommt Kiki zu ihr. So können sie sich jederzeit wiedersehen.

„Du bist eine richtig gute Hexe geworden“, lobt Lottis Mama. „Du hast dem kleinen Vogel geholfen und gelernt, dass Hexensprüche auch sehr praktisch sein können.“
Das stimmt, freut sich Lotti.
So macht Hexen richtig Spaß!

Lesequiz

1. Woran denkt Lotti ständig?

L: an Tiere

M: an Hexensprüche

2. Weshalb nimmt Lotti den kleinen Vogel mit?

E: Weil er aus dem Nest gefallen ist.

O: Weil sie sich ein Haustier wünscht.

3. Was braucht Lotti, um dem Vogel zu helfen?

F: ein Fangnetz und einen Käfig

G: Flügel und einen Schnabel

4. Wann kommt der kleine Vogel zu Lotti?

E: Wenn sie ruft.

I: Wenn sie pfeift.

Lösungswort:

L 1	I	E 2	B	L	I	N	G 3	S	T	I 4	E	R

Ein gelungener Streich

Juhu, heute beginnt die Klassenfahrt!
Erkan und Jannik freuen sich auf drei Tage
ohne Schule und viel Zeit im Freibad.
Doch dann hört Erkan zufällig,
was die Lehrer planen.

„Morgen wandern wir 15 Kilometer durch den Wald“, sagt Herr Berger zu Frau Zauder.
O nein!, denkt Erkan. Wer will schon so weit wandern? Er jedenfalls nicht!

Frau Zauder blickt ängstlich zum Eichenwald.
„Hoffentlich gibt es hier keine Wölfe“, sagt sie.
„Hier leben nur Mäuse und Eichhörnchen“, versichert Herr Berger.
„Sollen wir nicht doch besser ins Freibad gehen?“, fragt die Lehrerin.
Doch Herr Berger möchte lieber wandern.
Da hat Erkan eine Idee …

Am nächsten Morgen wandern alle los.
Frau Zauder späht besorgt ins Gebüsch.
„Bestimmt schaut sie nach Wölfen“,
sagt Erkan zu Jannik.

Bald ist es Zeit für eine Pause. Jannik und Erkan schleichen heimlich davon. Sie verstecken sich zwischen den Bäumen und heulen wie Wölfe.

„Auuuuuu!“, schallt es durch den Wald.

Und immer wieder: „Auuuuuu!“

Frau Zauder wird blass vor Schreck.
„Was ist das?“, fragt sie erschrocken
und springt auf.
„Es klingt wie Wolfsgeheul“,
meint Herr Berger.
Die Kinder schauen sich ängstlich um.
„Wir gehen sofort zurück!“,
ruft Frau Zauder erschrocken.
Damit ist sogar Herr Berger einverstanden.
Alle sind froh, als sie den Wald hinter sich
lassen. Vor allem Erkan und Jannik!
Denn nun geht die Klasse ins Freibad.

Auuuuuuu!

„Was für eine wunderbare Erfrischung!“, ruft Frau Zauder im Freibad. „Und hier gibt es sicher keine Wölfe! Auch wenn diese sehr nach Jannik und Erkan klangen“, zwinkert sie und genießt das erfrischende Wasser.

Lesequiz

1. Wie weit sollen die Kinder wandern?

W: 15 Kilometer

Z: 50 Kilometer

2. Welche Tiere leben im Eichenwald?

F: Bären und Wölfe

D: Mäuse und Eichhörnchen

3. Wohin möchte Frau Zauder gehen?

E: ins Freibad

O: ins Museum

4. Weshalb wird Frau Zauder blass vor Schreck?

R: Weil sie Wölfe hört.

S: Weil sie Wölfe sieht.

Lösungswort:

W 1	A	L	D 2	T	I	E 3	R 4	E

Der Ferienzirkus

„Hallo, liebe Kinder!“, sagt der Trainer Tom. „Herzlich willkommen beim Ferienzirkus! Diese Woche üben wir ein paar tolle Zirkusnummern ein.“ Jedes Kind soll zeigen, was es besonders gut kann.

Kira schlägt ein Rad. Leon jongliert mit drei Bällen. Clemens wirbelt auf dem Trampolin herum. Und Ronja kann Spagat.
Nur Laura steht unsicher daneben.
Sie weiß nicht, was sie machen soll.
Ihr ist mulmig zumute.

„Und was kannst du besonders gut?“, fragt der Trainer Laura.
„Mh, nichts, glaub ich“, meint sie.
„Ach was!“, sagt Tom. „Wir werden deine Stärken schon noch entdecken. Heute hilfst du erst einmal bei den anderen Nummern.“
Die Kinder üben ihre Kunststücke ein. Nur Laura nicht.
Sie reicht dem Jongleur die Bälle und fegt den Sand vom Trampolin.

Plötzlich stürmen fünf Hunde in die Manege.
„O nein!“, ruft Tom.
„Die Zirkushunde sind entwischt.“
Die Hunde bringen alles durcheinander. Sie schnappen sich die Bälle und wälzen sich im Sand.

Zum Glück kennt Laura sich mit Hunden aus!
„Sitz!“, befiehlt sie den Hunden und hebt die Hand.
Tatsächlich: Ein Hund nach dem anderen setzt sich vor Laura hin.

„Alle Achtung!“, ruft Tom. „Jetzt weiß ich, was du besonders gut kannst. Du bist eine tolle Hundetrainerin. Also trittst du mit den Zirkushunden auf!“
Laura ist sehr froh, dass sie mit den Hunden Kunststücke einüben darf. Jeden Tag trainiert sie mit ihnen.

Am Ende der Woche treten die Kinder vor Publikum auf. Laura bekommt für ihre Hundenummer viel Beifall.

„Gut gemacht!“, lobt Tom. „Auf die Aufführung kannst du echt stolz sein.“
Und das ist Laura auch!
Sie freut sich schon auf die nächsten Tage im Ferienzirkus.

Lesequiz

1. Welches Kind kann Rad schlagen?

W: Clemens

Z: Kira

2. Weshalb hilft Laura den anderen Kindern?

K: Weil ihr nichts einfällt, was sie gut kann.

L: Weil sie nicht im Zirkus auftreten möchte.

3. Wer stürmt plötzlich in die Manege?

S: fünf Zirkushunde

T: zehn Zirkushunde

4. Mit wem tritt Laura bei der Vorführung auf?

M: mit Ronja

L: mit den Hunden

Lösungswort:

1	I	R	2	U	3	Z	E	4	T

Die Mutprobe

Tarek fährt mit seinen Eltern ins Gebirge.
Es ist Winter und in den Bergen
liegt jede Menge Schnee.
Bald lernt Tarek zwei Jungen kennen.
Tim und Tom sind Zwillinge.

Die drei haben viel Spaß miteinander.
Sie bauen einen riesigen Schneemann.
Mit ihren Schlitten rodeln sie
um die Wette.

Hui, ist das eine wilde Fahrt! Tarek kommt als Erster unten an. Die Rodelbahn endet in der Nähe eines zugefrorenen Sees. Tarek setzt sich auf seinen Schlitten und betrachtet das Eis.

Ein älterer Junge steht am Ufer und lacht Tarek aus.
„Wieso sitzt du denn so blöd auf deinem Schlitten? Hast du etwa Schiss, über das Eis zu gehen? Zeig doch mal, wie mutig du bist und geh über den See!“

Inzwischen sind auch Tim und Tom
am See angekommen.
„Nun seht euch diesen Angsthasen an!“,
ruft der große Junge und deutet auf Tarek.
„Ich glaube, der traut sich nicht
über den See! Also, wir haben das alle
schon geschafft.“
Tarek blickt die Zwillinge fragend an.
„Seid ihr etwa über das Eis gegangen?“,
fragt er. Die beiden nicken.
„Ja, gestern. Noah wollte es so“, sagt
Tom leise.

Tarek zögert. Er ist kein Feigling.
Aber er traut der Eisfläche nicht.
Außerdem hat dieser Noah ihm gar
nichts zu sagen!
In diesem Moment flitzt ein Hund
auf das Eis. Es knirscht unter seinen
Pfoten. Überall bilden sich feine Risse.
Tim packt Tarek am Arm.
„Als wir über den See gegangen sind,
war es noch viel kälter“, sagt er.
Und das Eis war fester, denkt Tarek.

Er spürt den lauernden Blick von Noah. Doch plötzlich steht seine Entscheidung fest. Tarek strafft die Schultern. „Nein!“, sagt er laut und deutlich. „Solche blöden Mutproben mache ich nicht mit.“ Er packt seinen Schlitten und geht.

Nanu! Tim und Tom kommen hinter ihm her! Sie lassen Noah einfach stehen. „Es war echt mutig von dir, Nein zu sagen“, sagt Tom bewundernd. „Wir haben uns das nicht getraut.“

Nach dieser Aufregung brauchen die Freunde dringend eine Abkühlung. Tarek schleudert einen Schneeball durch die Luft. Die Zwillinge werfen begeistert zurück.
Die drei sind sich einig: Auf die gefährlichen Mutproben von Noah können sie in Zukunft verzichten!

Lesequiz

1. Wer gewinnt das Schlittenrennen?

S: Tarek

Z: Noah

2. Weshalb sind Tim und Tom über das Eis gegangen?

E: Weil Noah sie gedrängt hat.

S: Weil sie ans andere Ufer wollten.

3. Wodurch bilden sich Risse im Eis?

P: Ein Schlitten fährt über das Eis.

M: Ein Hund läuft über das Eis.

4. Was findet Tom mutig?

R: Dass Tarek über das Eis geht.

N: Dass Tarek Nein sagt.

Lösungswort:

1	C	H	N	2	E	3	A	N	4

Lösungen **Lesequiz**

Seite 15: BAUERNHOF

Seite 27: RITTERLAGER

Seite 39: BLUMENWIESE

Seite 51: VOLLTREFFER

Seite 63: LIEBLINGSTIER

Seite 73: WALDTIERE

Seite 83: ZIRKUSZELT

Seite 95: SCHNEEMANN

Emil-Hoffmann-Str. 1, D-50996 Köln
Geschichten: Carola von Kessel
Illustrationen: Stefanie Klaßen, Sebastian Coenen
Umschlagillustration: Stefanie Klaßen
Illustration S. 1: Stefan Richter
Redaktion: Sarah Ziegelbauer
Gesamtherstellung: Schwager & Steinlein Verlag GmbH

www.schwager-steinlein-verlag.de